AF451786

LES
FRANC-COMTOIS

AU SALON DE 1875

Extrait des Mémoires de la Société d'Émulation du Jura.

LONS-LE-SAUNIER

IMPRIMERIE GAUTHIER FRÈRES

—

1875

A

Monsieur Louis de Ronchaud

Inspecteur des Beaux-Arts

MEMBRE DU CONSEIL GÉNÉRAL DU JURA

Hommage de respect et d'affectueuse gratitude.

Victor WAILLE.

LES FRANC-COMTOIS

AU SALON DE 1875

I

Une chose m'étonne, quand je lis certains historiens
qui parlent de la Franche-Comté, c'est de voir à quel point
ils la méconnaissent. Michelet lui-même, qui d'ordinaire a
la sagacité d'un voyant, passe à côté d'elle sans la com-
prendre. Dans son *Tableau des provinces*, où il marque à
grands traits la nature des productions et des caractères
qui semblent plus spécialement propres à chacune des
contrées de la France, l'éminent historien ne trouve rien
à dire de la Franche-Comté, sinon que Besançon était une
république ecclésiastique et qu'elle a produit le cardinal
Granvelle. Pour nos populations montagnardes du Jura,
elles sont traitées avec plus de légèreté encore. Jugez-en
plutôt : « Ce fut sous les serfs de l'Église, à Saint-Claude,
comme dans la pauvre Nantua de l'autre côté de la mon-
tagne, que commença l'industrie de ces contrées. Attachés
à la glèbe, ils taillèrent d'abord des chapelets pour l'Es-
pagne et pour l'Italie ; aujourd'hui qu'ils sont libres, ils

couvrent les routes de France de rouliers et de colporteurs. »

Ainsi voilà, selon lui, le bilan de notre province : Granvelle, des rouliers et des colporteurs !

En vérité, ce ne serait guère.

MM. Delacroix et Castan, dans leur *Guide de l'étranger à Besançon*, ont consacré quelques lignes à l'esprit de la population franc-comtoise, et leurs réflexions me paraissent plus judicieuses. D'abord, ils citent avec raison un mémoire sur la Franche-Comté, composé en 1699 pour le roi de France, et resté vrai, notamment sur ce point : « Les hommes sont grands, bien faits, robustes, braves, et par conséquent fort propres à la guerre. »

Et l'auteur du Guide ajoute ce trait de caractère très-finement observé : « Le Franc-Comtois se montre généralement taciturne et circonspect ; derrière ce masque trop sérieux, il est bienveillant, enthousiaste et résolu. »

Xavier Marmier, un des quarante immortels, et Franc-Comtois, a écrit des *Récits de Franche-Comté* dans lesquels il signale à son tour les qualités de courage et de patience qui distinguent nos compatriotes et qui les rendent particulièrement aptes au métier de la guerre et aux travaux de l'érudition.

Sans doute notre province produit des officiers par centaines, et, j'oserai l'affirmer, en plus grande quantité qu'aucune autre. Parmi eux, beaucoup même sont des inventeurs, depuis Jean de Vienne (né à Salins), mort en 1396, et qui créa la marine française, jusqu'à d'Arçon (de Pontarlier), qui, au dernier siècle, imagina pour le siége de Gibraltar un système de batteries flottantes insubmersibles et incombustibles, jusqu'à M. Tamisier, notre député actuel et l'inventeur, comme chacun sait, des canons rayés. Il n'est presque pas de petite ville chez nous qui n'ait son général et qui ne puisse ériger une statue. Sans doute encore, nous avons des érudits, et des plus ingénieux, comme Gilbert Cousin (de Nozeroy), qui était secrétaire d'Erasme, ou comme l'abbé d'Olivet (de Salins), et tant d'autres.

Est-ce là tout? Et les artistes? Notre province est-elle jamais demeurée étrangère aux choses de l'esprit et de l'art? On serait tenté de le croire, à ne lire que les écrivains dont je parlais tout à l'heure. Cependant c'est elle qui a donné à la Révolution son Tyrtée, Rouget de Lisle (de Lons-le-Saunier), dont l'hymne — quelque peu profané depuis par des bouches ivres et surtout par les sonneries ironiques des clairons prussiens — a fait dans ses beaux jours le tour de l'Europe sur les lèvres de nos soldats. C'est elle qui a fourni à la France contemporaine son géologue le plus puissant, Cuvier; son philosophe le plus vigoureux, en dépit des contradictions et des paradoxes dont il est plein, Pierre-Joseph Proudhon; son poète le plus viril, Victor Hugo; son paysagiste le plus original peut-être, et dont le nom serait en grand honneur, s'il n'avait été mêlé d'une manière fâcheuse aux événements de la Commune, Courbet; son peintre d'histoire le plus fin, Gérôme, un des maîtres actuels de la peinture; son sculpteur le plus grave et le plus pur, M. Joseph Perraud.

Que dites-vous de ce contingent franc-comtois? Parmi cette phalange d'hommes illustres, combien sont des chefs d'école, des novateurs! D'où leur vient ce dédain des routes frayées, cette manière large, cette originalité brusque? Demandez-en la raison aux traditions de liberté qui nous ont été transmises de vieille date, à la saveur généreuse de nos vins, à nos sites abrupts, à ces fiers rochers et à ces ravins profonds que l'œil s'habitue de bonne heure à mesurer avec calme, et où il puise une singulière hardiesse.

Quoi qu'il en soit, ces noms célèbres prouvent au moins que notre province n'est pas uniquement féconde en soldats, en jurisconsultes et en savants. Tous les ans, des artistes nombreux la représentent à l'Exposition de peinture et de sculpture de Paris, et dignement. D'ailleurs, ces artistes ne font que marcher sur les traces de leurs aînés. Déjà au XVIe et au XVIIe siècle, je trouve parmi les Jurassiens des sculpteurs de talent, tels que Landry, Simon Jaillot et Reymondel, le même qui fit un pèlerinage à Rome en compagnie de Lacuzon.

Au XVIIIe siècle paraît le fameux Rosset (de Saint-Claude), dont Frédéric II disait « qu'il était le seul qui sût faire parler l'ivoire. » Ses *Christs* ont une rare valeur.

Il eut trois fils, sculpteurs comme lui, mais d'un moindre mérite, et dont l'un était très-crédule. A ce sujet, permettez-moi de vous conter une anecdote, que j'emprunte à mes souvenirs de famille. Vers le commencement de la Restauration, il y avait à Saint-Claude une bizarre association, qui s'intitulait la *Société de Cracovie*, parce que tous les jeunes gens qui en faisaient partie s'engageaient à ne débiter que des *craques*. A ce cercle appartenaient des hommes spirituels et parfaitement honorables, tels que Comoy, receveur particulier, les frères Colomb, dont l'un fût maire et l'autre notaire, Cattand, etc.

Un jour, Comoy va trouver Rosset : « Bonne nouvelle, lui dit-il. — Quelle? — On vient de me charger pour toi d'une commande considérable. Vite à l'œuvre : il s'agit de livrer *douze grosses de christs, grandeur nature* (on sait que la *grosse* vaut douze douzaines). Rosset s'en va dans un bois proche de la ville, il compte les ormes. Au bout de huit jours, il était sur le point de les faire abattre, quand Comoy le désabusa.

Si j'arrive aux artistes Franc-Comtois de notre temps, que de noms se pressent sous ma plume : Gérôme, qui a obtenu deux fois la grande médaille d'honneur au Salon ; Faustin Besson (de Dôle), qui a peint la chambre à coucher de l'ex-impératrice ; Huguenin, statuaire; de Valdahon, peintre distingué; Jean Petit, Ballandrin, Forestier, qui a sculpté la chaire de l'église Saint-Désiré, et à qui il n'a manqué qu'un plus grand théâtre pour avoir une réputation plus étendue; Marquiset, Jetot, Demesmay, Fanard, Pianet (de Chalesmes), Renaud, paysagiste; Brun, le peintre spirituel du *Candidat et de l'Electeur;* les frères Mazaroz, dont l'un est peintre et l'autre sculpteur d'ornements sur bois, etc. J'aurais trop à faire à vous les nommer tous. Songez que je ne mentionne ici ni les compositeurs de musique, ni ceux qui ont exposé cette année et dont je veux vous entretenir avec plus de détails.

J'ai pointé sur un catalogue les noms des Franc-Comtois qui ont fait recevoir au Salon de 1875 des tableaux, des morceaux de sculpture, des dessins ou des gravures. Savez-vous à quel chiffre leur nombre s'élève? à près de quarante.

Dirigeons-nous donc du côté du Palais des Champs-Élysées où sont exposés leurs envois. Figurez-vous un monument dans le style des grandes gares, avec une immense voûte vitrée, et sur les faces latérales des vitraux de couleur. Sur la façade extérieure, sont gravés, à intervalles égaux et encadrés dans des moulures, les noms des savants qui ont bien mérité de la science. Je remarque en passant celui de Janvier (de Saint-Claude), astronome et mécanicien, et qui sous Louis XVI avait son logement au Louvre. Je dois vous dire que ce Palais de l'Industrie sert indistinctement aux concours de chevaux ou de musique, aux expositions de plantes, de cochons, de fromages et de tableaux. Après tout, la musique, c'est de l'art; les fleurs peuvent être assimilées à la musique, puisqu'il y a une gamme d'odeurs et qu'on pourrait presque organiser un concert de parfums. Les fromages..... je n'en veux pas médire : on en fabrique de si bons en Franche-Comté ! Et puis un romancier, Émile Zola, n'a-t-il pas trouvé moyen, en décrivant les caséines de toute sorte, de toute couleur, de tout pays, étalées aux Halles, de faire une symphonie des fromages? Vous voyez bien qu'avec un peu de bonne volonté tout cela se tient. Au surplus, rassurez-vous : il ne reste pas trace des expositions précédentes. Le Palais de l'Industrie se métamorphose comme un décor d'opéra : aujourd'hui la cour a l'aspect joyeux d'un jardin oriental, tout peuplé de statues pensives ou souriantes qui, baignées de lumière, regardent en silence défiler des milliers de visiteurs.

Entrons, si vous voulez, et venez saluer avec moi les œuvres de nos compatriotes.

II

MM. PERRAUD, CLAUDET ET LAURENT.

Je commencerai par les sculpteurs.

Allons droit à ce groupe colossal qui s'élève vers le milieu du jardin. Il est dû au ciseau de M. Perraud (de Monay) et représente *le Jour*, sous forme allégorique : un des compagnons d'Hercule se désaltère à la source, après de rudes travaux et des combats héroïques contre les brigands et les monstres qui épouvantaient la Terre. La source est figurée sous les traits d'une robuste femme au profil grec, dont les cheveux ondulent sur les tempes comme ceux de la Diane chasseresse, et qui est nue jusqu'à la ceinture comme la Vénus de Milo. Sur l'épaule droite, elle porte une urne penchée, où les lèvres du compagnon d'Hercule boivent avidement. Les jambes très-écartées, le corps ployé, sa hache déposée à terre, sa fronde enroulée autour de l'avant-bras droit, une corne en main pour sonner ses compagnons dispersés, l'athlétique aventurier tient sa main droite sur la hanche de la femme, dans une attitude de hasard et qui n'a rien que d'absolument chaste, tandis que de sa gauche il appuie sur la cruche, comme pour s'abreuver plus vite. Indifférente et calme dans sa physionomie, la femme rappelle un peu le type des statues antiques sans en avoir tout le charme. Le visage de l'homme, avec son nez arabe, sa bouche proéminente, n'exprimant que l'appétit et la vigueur physique, a une originalité plus marquée. Tous les muscles sont savamment et vigoureusement indiqués. Le buste surtout est admirablement étudié. Que nous sommes loin du joli et du mièvre, cela est simple et puissant, plein de force et de hardiesse. Les tendons de la jambe saillissent dans une manière spéciale et qu'on ne rencontre pas communément. Approchez-vous, éloignez-vous, tournez autour, cela est *fait* de près comme de loin : on sent l'homme qui possède à fond son art. Ceux qui trouvent toujours à redire pensent que M. Perraud a oublié de sacrifier aux Grâces avant d'entreprendre son ouvrage. Mais un bloc de pierre si considérable ne comportait guère la gentillesse, et c'est déjà un tour de force que de lui avoir donné la vie. Bien des critiques dont ce groupe est l'objet tomberont, lorsqu'il sera installé sur son piédestal, à l'avenue de l'Observatoire, pour laquelle il a été commandé. La comparaison avec les autres groupes qui lui feront pendant sera tout à son avantage. N'était l'obscurité du sujet et quelque raideur, ce morceau étonnant d'exécution pourrait prendre place, pour des qualités différentes, il est vrai, à côté des plus belles œuvres de M. Perraud, à côté de son *Faune à l'Enfant*, par exemple, et de son *Désespoir*, statues qui appartiennent au Musée du Luxembourg et que le gouvernement a envoyées à la grande Exposition de Vienne, où la France, au lendemain de ses malheurs, ayant besoin d'une première consolation, a remporté dans les arts une si éclatante victoire.

M. Perraud a exposé, en outre, deux bustes : l'un de marbre, qui est le portrait de Pierre Larousse, auteur du

Grand Dictionnaire universel du XIXe siècle ; l'autre en bronze, représentant le maire de Fontenay-sous-Bois, et destiné sans doute à orner une fontaine ou la salle des réunions du conseil municipal de l'endroit ; le socle porte en effet gravée cette inscription :

A M. JACQ. SIM. BOSCHOT
ANCIEN MAIRE DE FONTENAY-SOUS-BOIS
LES HABITANTS RECONNAISSANTS.

Voilà, certes, des administrés modèles, et comme il n'y en a pas partout.

La physionomie de Pierre Larousse exprime l'énergie et la patience — il en a fallu, certes, pour mener à bien son Encyclopédie. — On y lit aussi un peu de tristesse, soit qu'il fût naturellement disposé à la mélancolie, soit qu'il pense que son œuvre, par nature, est impossible à achever, puisque le dictionnaire est à peine imprimé, qu'il est immédiatement dépassé par des écrits nouveaux, par des découvertes plus récentes, qui le rendent dès lors incomplet. La tête incline à gauche, le col est froissé, la cravate fuit de travers : on sent qu'il s'agit d'un homme simple, qui vit pour la pensée, sans le souci d'une tenue correcte.

Quant au maire de Fontenay, ce n'est pas précisément un Apollon du Belvédère, mais comme il doit être ressemblant ! Cheveux ras, barbe courte, il regarde avec bonhomie. La figure est bien modelée et vivante. C'est un excellent buste.

On sait que la belle et fière statue que les Salinois ont élevée au général Cler est l'œuvre de M. Perraud. Pourquoi les habitants de Poligny n'ont-ils pas eu l'idée de confier l'exécution de la leur au même artiste ? Quand il s'est agi d'ériger un monument à Travot, M. Perraud, Jurassien, membre de l'Institut, le premier sculpteur de notre temps, a offert de s'en charger *gratuitement,* par amour pour le pays. Soit désir de gaspiller les finances de la ville, soit bévue, le conseil municipal d'alors préféra donner trente mille francs à un sculpteur de quatrième ordre, pour avoir une œuvre grotesque, et c'était mérité. Le général Travot est un enlaidissement de la place qu'il était destiné à orner. Son image devait être pour la jeunesse une exhortation perpétuelle au courage et à l'honneur : il se trouve que les enfants s'habituent à envelopper dans le même ridicule la statue et l'homme qu'elle représente. Il serait donc à souhaiter qu'on renversât au plus tôt cette masse insignifiante de bronze et qu'on la remît au creuset avec les quatre petits savoyards qui sont collés au piédestal. L'art n'y perdrait rien, puisque l'œuvre est détestable et qu'elle n'est d'ailleurs que la reproduction identique, le *double* de celle qui se dresse sur la place de La Roche-sur-Yon. M. Perraud prêterait son magnifique talent avec sa générosité habituelle, les frais n'iraient pas très-loin, puisqu'on aurait le bronze, et la ville de Poligny se trouverait dotée à son tour d'une belle statue, qu'on pourrait au moins regarder avec plaisir. Voilà ce que désirent tout bas bon nombre d'habitants de Poligny et ce que nous réclamons tout haut. Au conseil municipal d'aviser.

De M. Perraud passons à M. Max Claudet (de Salins), son disciple, mais un disciple émancipé. Si M. Claudet a emprunté à son maître le goût des belles formes, il s'est réservé toute liberté, je dirai même toute licence, sur le choix des sujets. Ce n'est plus le souci de l'idéal qui le guide, il préfère le réel. Les actions les plus communes de la vie, les plus triviales, loin de décourager son ciseau, l'attirent. En un mot, il fait profession d'appartenir à l'école réaliste. Comme sculpteur, il ne relève d'aucun maître direct. Nous ne pouvons que lui trouver des équivalents dans les autres branches de la pensée. Max Buchon dans la poésie, Champfleury dans le roman, Courbet dans la peinture (pas dans tous ses tableaux toutefois, ni surtout dans ses meilleurs, qui réprésentent spécialement de majestueux cerfs ou des paysages *choisis* parmi les plus accidentés et les plus grandioses), peuvent vous donner une idée assez juste de la nature de son talent. Déjà l'an dernier M. Claudet exposait un *Vigneron jurassien faisant des échalas* et le *Retour du marché* : c'était un paysan à l'air réjoui qui rapportait dans ses bras un jeune cochon. Cette fois-ci, il nous offre une statuette qu'on peut classer dans la même catégorie : le *Petit gourmand*. Assis, les jambes croisées, un bébé lèche très-sérieusement le dessus de sa tartine, le meilleur. La statuette est bien ébauchée, mais l'artiste aurait pu, ce semble, la pousser plus loin, la finir davantage. Il ne s'est guère attaché non plus à donner à son visage une beauté propre, ni même un air de grâce : c'est le premier venu des enfants, et qui fait ce que nous avons tous fait. « Comme c'est ça ! » disent les mamans qui passent. Ce mot fait à la fois l'éloge de l'œuvre, qui est mignonne et pleine de vérité, et la critique du genre.

Tous les genres sont bons, hors le genre ennuyeux.

Sans doute, et c'est aussi mon avis. Mais est-ce assez que devant une œuvre d'art, devant celle de M. Claudet, par exemple, on puisse s'écrier : « Voilà un homme d'esprit, et qui sait son affaire? » Pour nous, nous assignons à l'art un but plus élevé. Nous croyons qu'il a mieux à faire qu'à reproduire ce que nous voyons tous les jours; son rôle, plus noble — j'ajouterais volontiers sa seule raison d'être — est de choisir parmi les éléments que fournit la réalité les plus gracieux et les plus propres à charmer l'imagination, à toucher l'âme et à la plonger dans la sérénité. Ne vous semble-t-il pas que dans l'air qui nous environne nous respirons la vulgarité, pour ainsi dire, par tous les pores?

Or, une œuvre que l'artiste s'est attaché à rendre plus

belle que la réalité et que toute réalité, a cet avantage
précieux de nous emporter pour quelques instants au-des-
sus de terre et de nous causer une délicieuse et rafraîchissante émotion, qui nous console de la banalité de la
vie. Il y a des moments où l'on donnerait volontiers les
fantaisies les plus brillantes de l'école réaliste pour la
moindre tête de l'école italienne du XVIe siècle. Ce n'est
pas que je veuille faire le procès au genre réaliste, qui a
produit quelques œuvres charmantes, ni à M. Max Claudet,
qui s'y montre original et qui se sent la vocation d'y excel-
ler. J'avouerai même que j'éprouve toujours un grand
plaisir à revoir le mendiant de Murillo qui cherche ses
puces au soleil, ou le mendiant de Ribeira, si gai sous ses
haillons, caprices qui n'ont pas empêché le premier de faire
son *Assomption* ni le second sa *Mise au sépulcre*. Mais je
crains que ce genre ne plaise que comme contraste, et par
accident, et qu'il ne soit dangereux de s'y cantonner sans
en sortir.

M. Claudet, d'ailleurs, nous a déjà prouvé qu'il était ca-
pable de faire des excursions dans le domaine de l'idéal, et
de s'en tirer avec honneur : témoin la statue qu'il a jointe
au petit gourmand. C'est une étude de jeune adolescent,
tenant une épée brisée, avec cette épigraphe : « L'épée de la
France brisée en leurs mains vaillantes sera forgée de nouveau par leurs descendants. » Assis sur une enclume, le
coude sur la cuisse gauche et la tête dans la main, l'enfant,
en proie à des souvenirs mêlés de honte, songe aux revers
qu'il faudra réparer : c'est moins un rêve qui est dans ses
yeux qu'une résolution terrible. Une petite critique cependant, que je n'adresse qu'à moitié à M. Max Claudet, car
je sais bien qu'il n'est pas de ces rabâcheurs de déca-
dence qui s'imaginent que tout est perdu parce que nous
avons été malheureux dans quelques combats. Je trouve
que depuis quatre ans peintres et sculpteurs abusent quelque peu de l'*Épée brisée*... Que diable, elle repousse ! Les

membres du jeune homme sont élégamment modelés, le corps est courbé avec grâce ; c'est une œuvre qui atteste un véritable talent, et nous souhaitons de tout notre cœur à M. Claudet une médaille. On sait qu'il n'en est plus à faire ses preuves. Son *Robespierre blessé*, notamment, fut fort remarqué au Salon, il y a deux ans : c'était un morceau de sculpture vigoureux et distingué, et qui a été acheté par l'État. On a dû en faire présent à une ville du Jura, qui sera bien aise, j'en suis sûr, de posséder une des meilleures œuvres du jeune et habile sculpteur salinois — à moins que ce ne soit sa ville natale... Qui est prophète dans son pays ?

Près du *Petit gourmand*, j'aperçois deux portraits d'enfants, en plâtre, de M. Laurent (de Gray). Ce sont les deux sœurs, sans doute ; elles se ressemblent, et les nœuds de ruban qu'elles ont dans les cheveux se correspondent, et se regardent, l'une le portant à gauche et l'autre à droite : ces deux portraits doivent être faits pour orner le chambranle de la même cheminée. Les cheveux sont bien plantés, les joues pleines : les figures ne manquent pas d'expression, ni même d'une certaine fierté enfantine. On désirerait peut-être des lèvres plus finement et plus purement dessinées, et un modelé plus minutieux. Néanmoins, ce sont d'assez bons portraits. M. Laurent a été choisi l'an dernier par la ville de Nancy pour exécuter la statue de Jacques Callot : cette marque d'estime pour son talent l'honore, et l'œuvre qu'il a produite l'a pleinement justifiée.

MM. CLÉSINGER, ISELIN, BECQUET ET CHAMBARD.

Quelle avalanche de bustes ! Il y en a beaucoup cette année, il y en a trop — signe fâcheux : les artistes se sentent entraînés — par des nécessités peut-être très-légitimes, à coup sûr fort regrettables — à oublier les nobles compositions pour exécuter des portraits de commande, à négliger le grand art pour faire du métier, à courir après l'argent qui égaye la vie, plutôt qu'après la beauté qui satisfait les délicats, mais ne procure souvent qu'une gloire stérile. Je ne me plaindrais pas trop cependant de ce débordement de portraits, s'ils étaient tous aussi lestement enlevés que celui de madame Rattazzi par M. Clésinger (de Besançon). D'abord c'est une jolie personne que la femme de l'ex-ministre de Victor-Emmanuel, et cela contribue à l'agrément d'un buste. Parée comme pour assister à une représentation du *Théâtre des Italiens*, décolletée à *trois quarts de peau*, pour emprunter au jargon actuel de la mode une de ses expressions, elle porte en sautoir un large ruban auquel sont suspendues des décorations. Sur les anneaux d'une chaîne de dentelle qui fait le tour de son corps sont fixés des médaillons qu'orne le portrait du mari. Sa main gauche est ramenée vers un des seins ; la droite s'enfonce et se dérobe sous la fourrure. Entre le bras et le sein droit, s'échappe un bouquet de roses. Sa chevelure tombe en boucles sur le dos et sur la partie antérieure du cou. Mains élégantes, visage agréable et caressant, tête fine, tout cela explique les succès de madame Ratazzi dans un certain monde parisien. A force de finesse, la tête paraît même un peu petite pour les formes opulentes de la gorge. On a remarqué que les jeunes filles de Greuze, fraîches et pures, portaient des têtes de douze ans sur des épaules de dix-huit : l'artiste commettait à dessein ces erreurs de proportion, pour exprimer le trouble inconscient des premières pudeurs, quand le corps déjà formé ressent des tressaillements inconnus et que l'esprit garde encore toutes ses ignorances. Mais madame Rattazzi ? Hum ! le sculpteur n'a donc même pas la même excuse que Greuze. Si l'on regarde attentivement, on ne trouve presque pas de modelé ; les plis de la joue, les dépressions harmonieuses de la peau, les attaches très-légères des muscles,

2

la grande variété de plans presque imperceptibles et qu'il
faut rendre, toutes les difficultés en un mot sont escamo-
tées comme dans ces figures de cire qu'on voit aux vitrines
des coiffeurs. La sculpture est un art patient, long et difficile, qui exige beaucoup de labeur et d'observation. On ne s'im-
provise pas sculpteur — c'est cependant ce que M. Clésinger
a fait. Après avoir été cuirassier, il laissa le sabre pour l'é-
bauchoir. Un instant il eut beaucoup de vogue, tant il met-
tait de *galbe* dans ce qu'il façonnait et ciselait. Puis sa réputation a légèrement décliné. La vente de ses œuvres,
qui vient d'avoir lieu à l'hôtel Drouot, l'atteste. Les
plus célèbres d'entre elles ont été adjugées à des prix qui
ne dépassaient guère trois mille francs. Quelle chûte !
Et ce n'est pas au manque de talent qu'elle est due, — je me
plais à reconnaître que M. Clésinger en a, et beaucoup —
mais à l'absence d'étude patiente et de sérieux travail. Malgré ses défauts, le buste de madame Rattazzi ne laisse pas
d'être une œuvre brillante, empreinte de grâce et de distinction. Pourquoi M. Clésinger ne nous a-t-il rien donné
de plus ?

Je serais tenté d'adresser le même reproche à M. Iselin
(de Clairegoutte), élève de Rude ; cet artiste a déjà remporté
de nombreuses médailles, sa réputation est établie, et il
n'a exposé que deux bustes — l'un est celui du général de
La Moricière, destiné au musée de Versailles. Coiffé d'une
calotte, drapé dans un burnous dont les glands pendent sur
la poitrine, le général, avec ses belles moustaches, ses traits
fins, ses yeux clairvoyants, a l'air noble et intrépide. C'est
une belle tête de soldat au repos. Mais on s'aperçoit que
ce buste, d'une facture d'ailleurs sobre et large, a été exé-
cuté d'après une photographie : la chair n'est pas fouillée,
les surfaces sont trop unies. J'aime mieux l'autre, qui représente une honnête et sévère matrone, et qui pour le
naturel et la vie, est un des meilleurs qui soient au salon.

Voici une terre-cuite de M. Becquet, représentant une

vache accroupie, horriblement maigre, aux os saillants, à la figure très-allongée; elle regarde mélancoliquement et rêve. En la voyant, une strophe de Leconte de Lisle s'éveilla dans ma mémoire :

> Non loin, quelques bœufs blancs, couchés parmi les herbes,
> Bavent avec lenteur sur leurs fanons épais,
> Et suivent de leurs yeux languissants et superbes
> Le songe intérieur qu'ils n'achèvent jamais.

C'est une assez bonne étude d'animal, mais qui ne rappelle guère l'*Ismaël* que M. Becquet a exposé il y a quelques années et qui lui a valu une seconde médaille. Le haut de la tête manque d'épaisseur et le modelé est insuffisant.

M. Chambard (de St-Amour), ancien prix de Rome, a essayé de la sculpture de genre. *La première pose* tel est le sujet qu'il a voulu interpréter. Imaginez une jeune fille au visage ingénu, et délicatement alarmée parce qu'elle est sur le point de se dépouiller du dernier de ses voiles. Elle retient pudiquement sur la cuisse un pan de sa chemisette, qui est déjà descendue jusque-là et qui n'a plus qu'à glisser à terre pour la laisser dans le costume d'Ève. Sa poitrine est grêle, les chairs demanderaient plus de souplesse, l'attitude générale ne manque pas de charme. Mais pourquoi cet air de vertu effarouchée? Les *Laïs*, comme dirait M. Prud'homme, qui *posent* dans les ateliers d'artistes, n'ont pas cette ingénuité d'ordinaire. Il ne faut pas nous donner ces femmes-*modèles* pour des modèles de femmes. A quoi bon dès lors cette candeur qui ne leur sied guère, ou plutôt qui ne leur sied pas du tout? Elles étalent leurs formes sans éprouver tant de trouble. Votre statue représente, si vous voulez, une timide compagne d'Iphis qui va se baigner aux premiers feux du jour, dans une fraîche rivière, protégée contre les regards par un rideau de saules, et qui craint qu'un œil indiscret ne se cache derrière les épais ombrages..... mais *La première pose* oh! non.

MM. DÉTRIER, LIPPMAN, GAUTHIER ET PERREY.

Un groupe en bronze de Pierre-Louis Détrier (de Vougécourt, Haute-Saône): *L'Innocence et l'Amitié.* Deux femmes, drapées à l'antique, les tuniques serrées par des ceintures d'or, et chaussées de fines sandales, sont debout, un lévrier à leurs côtés. L'une a la main gauche appuyée sur l'épaule de son amie, et tient un nid dans la main droite. Sa compagne tend une broche, pour donner la becquée aux petits oiseaux, et son visage indique une bienveillance tranquille : on voit que sa tête est un sanctuaire où n'habitent que les chastes rêves, et que son cœur vierge n'aime encore que les timides jeux de la jeunesse, que les doux propos et les rires bénis de la famille. Elle distribue à des pinsons leur nourriture ; le matin, elle doit arroser ses fleurs, elle a tant l'air de s'intéresser à tout ce qui est faible, délicat et gracieux dans la nature, à tout ce qui peut avoir besoin de sa virginale protection ! La porteuse du nid regarde avec une curiosité manifeste s'ouvrir et se refermer les petits becs des oisillons sans plumes. Il y a dans ce groupe ce que nous demandons à toute œuvre d'art, c'est-à-dire une idée ou un sentiment, et de gracieuses attitudes. Malheureusement quelle sécheresse, quelle roideur, dans la gorge, les bras et les jambes ! avec un peu plus de finesse et d'originalité dans les physionomies, qui rappellent trop les gravures du premier empire, et plus d'élégance dans les formes, l'œuvre serait agréable : telle qu'elle est, elle a du mérite et nous paraît renfermer des promesses.

Que ne puis-je donner les mêmes éloges à Lippman ! ses deux statuettes en bronze représentent un page et une dame du XVIme siècle. Le costume de l'époque est bien étudié.

Mais ce sont des morceaux d'archéologie plutôt que des œuvres d'art. Le page, une main sur son glaive, l'autre sur un bouclier qui porte en écusson un cheval ailé et des fleurs de lis, incline sa tête ennuyée et vulgaire. Pourquoi a-t-il des seins si saillants et si pointus? Où a-t-il pris ce genou qui lui monte jusqu'à la cuisse? Je ne m'arrêterai pas à décrire sa toque, son pourpoint, ses chausses dont l'une est unie et l'autre ornée d'échancrures, ni ses sandales carrées, non plus que la toilette de la femme. La draperie de celle-ci est pesante : d'une main elle tient un bout libre de sa ceinture à l'extrémité de laquelle pend une aumônière, et de l'autre un pan de sa robe, comme si elle s'apprêtait à danser un *avant deux*. Comme l'attitude est disgracieuse! Une revanche l'an prochain, s'il vous plaît.

Dans la grande avenue du jardin, nous remarquons l'*Andromède* de M. Charles Gauthier. Enchaînée à un rocher, elle détourne la tête à droite, dans son effroi de jeune fille qui ne peut pas se résigner à son sort affreux. A-t-elle aperçu le monstre marin qui s'avance pour la dévorer? Pressent-elle le libérateur qui va venir à cheval à travers les airs, et percer le monstre de sa lance? Quoi qu'il en soit, ce marbre est d'un sentiment ravissant. Debout, la jambe droite courbée, la tête penchée de tristesse, la pauvre jeune fille laisse tomber avec une grâce charmante ses beaux bras captifs. Autour de ses pieds se joue l'écume de la mer. Quelle pureté dans les lignes, quelle souplesse, que de vie! Le haut du torse n'a pas tout à fait autant de légèreté que les autres parties de la figure, mais l'ensemble reste harmonieux, et les chairs sont moëlleusement rendues. Le sujet d'*Andromède* a déjà séduit bien des artistes; beaucoup l'ont traité supérieurement. Notre compatriote l'a interprété à son tour, et d'une manière originale qui lui fait beaucoup d'honneur. A quoi bon, dira-t-on, reprendre des sujets si connus? Peut-être sont-ce les plus favorables, parce qu'ils sont les plus facilement compris du public. Que cherche le sculpteur? tout simplement un prétexte à nous montrer un corps de femme dans sa force et dans sa grâce. M. Gauthier est en train de conquérir un rang très-honorable: il a été décoré l'année dernière pour sa statue du *Braconnier*.

Une autre œuvre assez jolie par laquelle je vais clore la série de nos sculpteurs, est celle de M. Perrey, Aimé-Napoléon: *Un jeune chevrier*. Il est assis sur un rocher, où grimpe le lierre, un chien étendu à ses pieds. Sur son bras gauche, levé horizontalement, court un écureuil apprivoisé. Entre le pouce et l'index, le petit animal passe la tête, comme à travers une lucarne, et guette une noisette que le berger tient dans sa main droite, et qu'il lui montre de loin. L'enfant sourit à ce jeu, il regarde d'un air épanoui son gourmand compagnon, dont les convoitises l'amusent. C'est ingénieux de composition, et l'enfant montre une gaîté franche. Le morceau n'a pas un grand caractère, mais laisse deviner un homme exercé et habile.

A l'heure qu'il est, notre école française de sculpture est la première de l'Europe. Aucune école, depuis la Renaissance, ne s'est montrée si féconde ni si originale. Aussi suis-je heureux de constater que notre province compte dans ce noble genre de glorieux représentants. Si je me suis montré sévère envers quelques-uns, c'est qu'ils ont les reins solides. C'est qu'on ne daigne critiquer en fin de compte que les hommes qui, par quelques côtés au moins, ont une certaine valeur; c'est enfin que je les voudrais voir s'attacher encore davantage à l'étude assidue et minutieuse du modèle vivant, et devenir de plus en plus dignes de leur art et de leur pays.

III

Maintenant gravissons l'escalier, et allons voir ce qui attire le plus la foule, par l'infinie variété des sujets et la fantasmagorie des couleurs, les tableaux. Ici nous n'avons plus la même incontestable supériorité qu'en sculpture. Beaucoup d'étrangers exposent à côté des Français, et rivalisent parfois avec eux. Quoi d'étonnant? Nos peintres ont surtout des procédés : d'autres les leur empruntent, et voici que bientôt ils les égalent.

Ce qui constitue un salon, dans l'acception ordinaire du mot, ce ne sont pas les fauteuils capitonnés, les causeuses de velours ni les candélabres d'or, c'est la réunion de gens bien élevés. En peinture, un salon, pour mériter ce nom, devrait être également une collection d'œuvres choisies. Ce n'est pas le nombre des toiles ni l'opulence des cadres qui nous touchent et que nous réclamons, mais la qualité des tableaux. Or le salon est loin de ne présenter que des œuvres de premier choix. Les pêches à quinze sous, comme dirait M. Alexandre Dumas, y dominent. Plusieurs bonnes choses noyées dans un tas de médiocres, voilà depuis vingt ans le refrain de ces expositions annuelles.

Figurez-vous quinze salles où sont accrochés à peu près deux mille tableaux de toute dimension, de toute nuance : portraits, batailles, baigneuses, sujets bibliques, bords de la mer, clairières, sites orientaux, scènes d'intérieur ou scènes d'histoire, hercules forains, crucifixions, damnés d'enfer ou ronde de jeunes filles à la lueur des feux de la St-Jean, tout se trouve dans ce Capharnaüm. Vous êtes heurté et ébloui par cette bigarrure de couleurs, parmi les peintres, les uns ayant sur leur palette des tons violacés, les autres des tons de bitume, les autres des tons éclatants ou clairs, ou même rien du tout. Pour comble de contentement, si vous allez au Salon dans l'après-midi, vous aurez l'avantage d'y être en compagnie de quelques milliers de personnes qui grouillent dans cette étuve et font sur le plancher un perpétuel tumulte qu'on entend d'en bas, et qui ressemble au bruit lointain de la mer. Ces gens vont et viennent, s'essuient le front avec leurs mouchoirs, sont bousculés, respirent un air empesté d'acide carbonique et saturé de toutes les odeurs dont les femmes laissent la trace, depuis le musc et le patchouli jusqu'aux violettes de Parme et à la white-rose, s'arrêtent de temps en temps devant une œuvre en s'imaginant qu'ils la trouvent belle, ou prononcent le mot « charmant » devant une croûte, puis s'écoulent après avoir bien sué, s'être bien fatigués, mais l'air satisfait d'avoir bravement accompli leur corvée jusqu'au bout. Quelles détestables conditions pour contempler des œuvres d'art! Il sera mieux d'y aller le matin, par le frais, quand on peut s'arrêter à sa guise, sans dérangement : seul moyen d'essayer d'avoir un sentiment sincère, seul moyen de goûter une jouissance véritable et de perfectionner son goût. Les autres sont trop affairés ou trop avides de voir, pour raconter qu'ils ont vu. Cependant cet empressement du public témoigne, à défaut de goût, d'une certaine faveur pour les arts. Effectivement jamais les tableaux ne se sont enlevés si rapidement ni payés si cher.

Parmi cette quantité d'œuvres, il serait difficile de dire quel style domine. La formule est à trouver. Ou plutôt il y a comme un éparpillement des talents dans toutes les directions. La peinture d'histoire, qui a été si florissante chez nous du temps de David, de Gros, de Gérard, de Géricault ne compte presque plus d'adeptes. Ingres, Eugène Delacroix, Ary Scheffer, ne sont pas remplacés. Cabanel et Bouguereau, qui tenaient la corde, sont l'objet, cette année, d'universelles critiques et de très-vives attaques. On sent comme un besoin de réagir contre le *faire* distingué, mais mou, de ces habiles praticiens. Nous avions un jeune artiste qui promettait d'être et était déjà un grand coloriste, Henri Regnault : la guerre nous l'a pris. En ce moment les peintres vont à l'aventure, ils sont « *tous chefs* » absolument comme les gens d'Arbois, et se livrent à une véritable débauche de genres. Ils doivent se demander :

Qui de nous, qui de nous va devenir un Dieu ?

c'est-à-dire un chef d'école qui fixe ces tendances incertaines, qui groupe ces talents dispersés et dévoyés, qui puisse en un mot communiquer à notre école actuelle de peinture le caractère tranché qui lui manque, car elle n'en a pas d'autre que d'être de la peinture de commerce. Au milieu de cette confusion, il est deux genres dans lesquels nos peintres restent éminents et qui se maintiennent avec honneur : le portrait et le paysage.

Qui donc disait que la photographie tuerait le portrait à l'huile ? Jamais on n'en a tant fait, je crois, que depuis l'invention du daguerréotype. La photographie reproduit instantanément l'état de la figure, à un certain moment, et par là l'image a nécessairement quelque chose de froid et de faux. Le peintre, au contraire, compose l'expression de son modèle d'après une série d'observations, et lui donne, non la physionomie de telle ou telle minute, mais sa physionomie habituelle. Et puis le peintre ajoute aux formes la couleur. En nous montrant les nuances de la peau, en nous laissant deviner le sang qui circule sous les chairs, il nous procure l'illusion de la vie. On a pu comparer ingénieusement une photographie à un moulage : elle en a l'exactitude, mais aussi la grossièreté et l'aspect cadavéreux. Notez que les lèvres, les narines, les paupières, les parties les plus délicates et les plus subtiles du masque humain, sont maltraitées par l'appareil, qui rend opaque ce qui est transparent. Si les surfaces planes sont fidèlement calquées, les lignes des objets en relief dévient quelque peu sur la courbe de l'objectif: voilà pourquoi les mains paraissent massives et sèches comme du bois. Quand la photographie parviendrait à reproduire les couleurs, même alors elle ne détrônerait pas la peinture. Il resterait encore l'idée, le sentiment, la passion à interpréter, et dans cet ordre de choses idéales, la mécanique ne pourra jamais suppléer l'intelligence, le travail fin et patient de l'artiste — sans compter que les trois quarts des gens ne voudraient pas être représentés tels qu'ils sont, avec la pâleur de leur teint ou les enluminures de leur trogne.

MM. MACHARD, MOUCHOT, LOBRICHON ET BAVOUX.

Ces réflexions me venaient à l'esprit comme je regardais le beau portrait en pied de Mlle Rosine Bloch, artiste dramatique de l'académie nationale de musique, par M. Machard (de Sampans). Cette année les actrices portent bonheur aux peintres. Le portrait de Mme Pasca, artiste au *Vaudeville*, par Bonnat, est le plus rayonnant qui soit au Salon. Celui de Mlle Sarah Bernhart, artiste de la *Comédie Française*, par Parrot, a également beaucoup de caractère. Notre compatriote a peint avec une grande puissance de coloris Mlle Bloch, cantatrice à l'Opéra, mais dans un style moins élégant que celui auquel il nous avait habitués. Peut-être le genre de beauté de l'estimable cantatrice n'était-il pas fait pour inspirer le talent si délicat et si fin de M. Machard. Elle est debout, enveloppée dans une robe de velours rouge, dont l'épaisse et chaude étoffe, avec ses châtoiements, est très-habilement rendue. Son visage est tourné vers le public, mais elle ne lui présente que l'épaule gauche, assez dédaigneusement, et tout cela pour étaler la traîne de sa longue robe et produire un effet trop connu,

et que M. Machard aurait dû dédaigner. Dans le fond, une
tenture de soie verte, à gauche, une colonne. Les bras sont
bien modelés, ainsi que les épaules. Eclairée et souriante,
la physionomie a du relief. A première vue, malgré l'harmonie des couleurs, c'est la robe de velours qui vous frappe,
qui vous arrête, et qui compose les trois quarts du portrait.
C'est un des caractères de la peinture actuelle que ce souci
excessif de l'accessoire : l'artiste met à chiffonner et à lustrer
une étoffe autant de soin qu'il en apporte aux parties ca-
pitales, et peut-être plus. M. Machard a été prix de Rome en
1865, et honoré d'une première médaille au Salon de
1872. L'an dernier, il a exposé une Séléné armée de son
arc, qui montait silencieusement dans l'éther, et qui avait un
caractère de pureté et de poésie qu'on est loin de retrouver
au même dégré dans le portrait de Mlle Bloch.

Deux autres portraits, qui n'ont pas la même splendeur
de tons, mais qui sont très-élégamment faits, sont ceux
qu'a exposés M. Ludovic Mouchot (de Poligny). Il est intéressant de suivre d'année en année les progrès de ce jeune
artiste et de voir sa couleur devenir de plus en plus transparente. Toutefois, les deux œuvres qu'il nous offre cette
fois-ci, dont l'une rappelle la manière de Cabanel et l'autre
celle de Van-Dyck, nous prouvent qu'il cherche encore sa
voie.

De ces deux portraits, le meilleur est celui de la com-
tesse de K... Dessin pur et ferme, teintes pâles, douces et
vaporeuses, l'artiste a su donner à cette blonde un air de
rêverie profonde qui fait songer aux femmes du Nord. On
dirait d'une Suédoise, ou d'une elfe glissant mystérieuse-
ment sur un glacier, dans la lumière argentée des nuits.
Pas de beauté plastique, et cependant un visage où la douceur, la bonté et le rêve entretiennent l'expression d'une
grâce séduisante. Le corps est enfermé dans un corsage
rose orné d'une large écharpe d'Angleterre, dont la brode-
rie est finement déchiquetée. D'ordinaire, les blondes se

peignent sur fond bleu. M. Mouchot est parvenu à produire
une harmonie qui a quelque chose d'étrange et de paisible,
en se servant d'un fond de velours violet. Cela est peint avec
goût et a de la distinction.

L'autre portrait est celui de Mme M..., représentée en pied
— encore une blonde, et une belle blonde. — Tandis que
le premier est fait dans une couleur claire, celui-ci est traité
dans la gamme sombre des Van-Dyck : tout est noir, à
l'exception de la figure et des mains, qui ressortent en
pleine lumière. Devant une tapisserie de Flandre, Mme M...
est debout, vêtue d'une longue robe de faille noire et d'une
basquine de velours, elle est coiffée d'un large feutre à la
Rubens. Une de ses mains est enfoncée dans un manchon ;
l'autre tient une paire de gants *mousquetaire*, qui complé-
tent ce pittoresque ajustement. A droite, sur une console,
une majolique, où trempe une branche d'aubépine. Malgré
le contraste des ombres et des lumières, ce portrait, si
digne d'éloges à tant d'égards, a moins de caractère que le
précédent.

Nous sommes heureux de voir l'artiste en si bon chemin ;
sa facture est élégante et son coloris agréable, quoique encore trop timide. Il ne voit pas en laid, comme tant de co-
loristes excentriques, et nous ne pouvons que bien augurer
de sa carrière de portraitiste.

M. Mouchot est élève de Cabanel ; c'est bien. Qu'il demeure, comme lui, fidèle au dessin, qui fait, disait Ingres,
la probité du peintre ; qu'il emprunte à son maître sa distinction, d'accord, et je l'en félicite, mais nous le conju-
rons d'éviter à tout prix le défaut dans lequel celui-ci a
fini par tomber, à force de vouloir faire *distingué*, je veux
dire la peinture molle et fade, et ainsi il pourra se faire
honorablement connaître.

Que de visiteurs s'arrêtent devant les tableaux de M. Lobrichon (de Cornod, Jura) et semblent y prendre un vif
plaisir ! Je n'en suis pas étonné : M. Lobrichon peint les

enfants avec tant d'esprit, de naturel et de grâce ! L'un de ces tableaux a pour titre : le *Volontaire d'un an*. C'est un volontaire de douze mois, un blond bébé, nu, charnu, joufflu, auquel on a suspendu un sabre de quatre sols, et qui tient un fusil colorié, dont la crosse lui sert de feuille de vigne. Un doigt dans la bouche, il regarde d'un air interdit. S'il n'a pas tout l'entrain qu'il aura plus tard, étant vrai volontaire, il a le regard étrange et candide de ces petits êtres dont l'esprit s'ouvre confusément aux choses extérieures, que tout étonne et réjouit, parce que pour eux tout est nouveau, et qui commencent à apprendre « comment fleurissent les arbres et comment chantent les oiseaux, » selon le mot d'une chanson de nourrice recueillie en Grèce par Fauriel. Quand je vois ces riantes et naïves figures, j'éprouve la tentation de les commenter par des vers de Victor Hugo. Le poëte a divinement senti les grâces infinies du premier âge ; il a toujours célébré les enfants avec un rare bonheur ; c'est une de ses notes les plus suaves, et on la retrouve jusque dans l'*Année terrible*. Voici deux strophes de la pièce qu'il adresse *à Petite Jeanne* et qui vous donneront une sensation analogue à celle que causent les tableaux de M. Lobrichon :

> Les plus fameux auteurs n'ont rien écrit de mieux
> Que la pensée éclose à demi dans tes yeux,
> Et que ta rêverie obscure, éparse, étrange,
> Regardant l'homme avec l'ignorance de l'ange.
>
> . . . .
>
> Vous êtes par moments grave, quoique ravie,
> Vous êtes à l'instant céleste de la vie
> Où l'homme n'a pas d'ombre, où dans ses bras ouverts,
> Quand il tient ses parents l'enfant tient l'univers.

Le *Spectre rouge*, tel est le sujet de l'autre tableau. Ne craignez rien : il ne s'agit pas de guillotine perfectionnée et fonctionnant en permanence, ni de couvents incendiés, ni de prêtres ou de religieuses alternativement pendus aux lanternes des réverbères, ni d'un *Ça ira !* hurlé à la lueur d'un embrasement où s'effondreraient la bourgeoisie et la société tout entière. Nous sommes dans un monde plus aimable. Deux enfants, dont l'un a les pieds nus et l'autre n'est chaussé que d'une jambe, jouent sur un tapis. Assis par terre, le petit garçon tient sur ses genoux une boîte à surprise. Il vient de presser le ressort et d'en faire sortir un croquemitaine effroyablement barbu et rouge comme la chemise d'un garibaldien. Debout près de lui, la petite fille, en robe de soie bleue, fixe ce grand diable, les doigts tendus et la figure très-peu rassurée. Mais lui, le malin bébé, la tête en arrière, les yeux à demi fermés et luisant de joie, rit de tout son cœur du bon tour qu'il vient de jouer à sa pauvrette de sœur. Sa bouche étale une double rangée de perles, et il rit d'un rire si franc, que tous ceux qui regardent le tableau éclatent de rire avec lui. La petite fille a peur d'un fantôme sans réalité : sur ce point, combien d'hommes sont encore plus enfants qu'elle ?

Outre ces deux fantaisies, qui sont charmantes, M. Lobrichon a exposé le portrait de Mlle J. de V... Cette baronnette, qui met du rouge, a au moins six ans, mais elle imite d'instinct les grandes dames, et sait prendre à l'occasion des poses d'un sérieux assez comique. Elle est assise dans un fauteuil, s'accoude sur un mantelet brodé et croise les mains comme une grave marquise, un bouton de rose entre les doigts. Ses blonds cheveux ruissellent sur le dos, sur les épaules avec abondance et dans un adorable abandon, ils encadrent une physionomie fine, douce et éveillée.

M. Lobrichon a la touche vive et agréable, mais il se distingue encore plus par sa science du dessin que par l'éclat et l'originalité de sa couleur. Comme dessinateur, c'est un maître. La collection des dessins, à l'usage des lycées, renferme plusieurs silhouettes d'enfants qui sont dues à son crayon. Au Salon de 1868, il a été médaillé. Un tableau qu'il a exposé l'an dernier avec succès, *la Hotte de Croque-mitaine*, se trouve actuellement dans les salons du *Bon-Marché*, en compagnie de belles œuvres d'art. Je le recommande aux dames qui iront y faire des emplettes.

En continuant ma promenade en zigzag à travers cette longue galerie de tableaux, j'aperçois de beaux raisins lustrés et appétissants. S'ils étaient de Mme Escallier, ils seraient infailliblement dénommés dans le Catalogue : *Raisins du Jura*. Ils sont assez superbes pour en être. M. Nestor Bavoux (de Lac-ou-Villers) les a simplement classés sous cette rubrique : *Seille de raisins*. La seille est renversée, raisins rouges et tachetés de chaux, et raisins blancs s'en échappent et se culbutent. La lumière est habilement graduée du fond de la seille, qui paraît cependant un peu noire, jusqu'aux grappes qui sont au premier plan, en plein jour. Le bout de paysage, au reste très-accessoire, qui encadre la seille, pourrait avoir plus d'agrément.

Du même artiste, encore d'autres raisins, non plus débordant d'une seille, mais enveloppés dans un journal, un *Courrier* quelconque, celui de Franche-Comté par exemple, dont on entrevoit quelques annonces spirituelles à la quatrième page : « Raisins à vendre... Nestor Bavoux, peintre à Besançon. » Si l'on peut désirer des raisins plus transparents, une exécution plus large, il faut convenir, d'autre part, que ce sont de bons et francs raisins, peints avec vérité. Une guêpe au corsage doré est posée sur une grappe, dont elle aspire le suc jusqu'à s'enivrer : ils sont si séduisants, ces raisins !

MM. VERNIER, COMTOIS, CHARTRAN ET Mme ESCALLIER.

« Cela sent le foin, » disait quelqu'un en regardant la *Fenaison* de Rosa Bonheur, ce chaud et resplendissant paysage, où les voitures ploient sous le *regain*, qui scintille. Devant les marines de M. Vernier (Émile-Louis, de Lons-le-Saunier), volontiers s'écrierait-on : « Cela sent le goudron, la brise salée, l'haleine savoureuse et rafraîchissante de la mer. »

Un bateau de Cancale (Ille-et-Vilaine) est amarré. Près de là, deux marins retirent d'une barque les huîtres qu'ils viennent de pêcher. Les trois petits mâts du bateau, les cordages, la voile grise, sont rendus avec beaucoup de vérité, et les reflets que ces agrès projettent dans l'eau sont peints dans des tons justes et tremblotent. Sur les flots, écumants vers les bords, verts à l'horizon et noirs dans le lointain, vont et viennent des barques à voiles. Le ciel est tendu de nuages gris. Il y a du mouvement sur cet océan. Le détail est sacrifié, l'ensemble est vivant. Rien de léché, mais à distance, l'effet produit est saisissant. La touche est vigoureuse, l'air circule, les horizons ont une grande profondeur.

Marée basse. A gauche, la mer ; au milieu, une plage d'où l'eau se retire ; à droite, une falaise au pied de laquelle passent, en longue file, des femmes tenant à la main leurs paniers de poissons. Le ciel est estompé dans le fond, des mouettes volent vers le rivage. Teintes originales. Dans cette perspective brumeuse, point de tons criards, pas d'effet cherché par le contraste des couleurs ; tout est harmonieusement fondu comme dans la nature, et l'on y trouve un vif sentiment de la tumultueuse agitation des vagues.

Plus le talent de M. Vernier est sincère et vigoureux, plus nous le voudrions voir renoncer à une certaine manière de peindre lourde et heurtée, à cette touche visible, qui n'est supportable qu'à la condition d'être variée, charmante, vigoureuse ou tendre, d'être en un mot dans le sentiment de la chose rendue. M. Vernier ne saurait croire combien cette touche carrée, par son uniformité, ôte de finesse et de transparence à ses marines, d'ailleurs si belles.

Après avoir respiré quelques bouffées maritimes, revenons aux portraits. Dois-je compter M. Comtois (Franc) parmi nos compatriotes? Le catalogue, qui indique le lieu de naissance des exposants, a oublié de donner le sien. Quand on s'appelle Franc Comtois, peut-on n'être pas de Franche-Comté? Qui sait? Peut-être une dame s'abrite sous ce déguisement. Dans le choix du pseudonyme, je verrais un salut filial au *pays*, je retrouverais cette fidélité au sol qui fait que, lors même qu'on en est séparé, on lui garde un pieux souvenir. Quelques-uns nous reprocheront cette exagération de patriotisme local, et prétendront que nous rétrogradons jusqu'à Eustache de Saint-Pierre, ce bon bourgeois de Calais, qui se fit Anglais pour rester Calaisien. Mais elle a du bon. Il n'est pas indifférent d'aimer la petite patrie pour s'attacher à la grande, et ceux qui se croient de grands patriotes parce qu'ils font fi des lieux où s'écoula leur enfance et où dorment leurs pères, me paraissent ressembler à ces faux sages qui, n'aimant ni leur famille ni leurs amis, professent un amour philosophique pour toute l'humanité. Ce ressouvenir de la terre natale, naturel au cœur de l'homme, est particulièrement cher aux Franc-Comtois. Je parlais tout à l'heure des *Fruits du Jura* qu'expose presque annuellement Mme Escallier. Sainte-Beuve (*Nouvelles causeries du lundi*), dans un article sur Ch. Magnin, originaire du Jura, signale ce culte du clocher qu'avait conservé à Paris le spirituel érudit, et parle des petits dîners aimables et en tout petit comité qu'on faisait chez lui, « où le vin de Salins, les confitures de Salins, et toutes les friandises du crû égayaient le dessert avec l'aménité du maître et la chansonnette du bon docteur B... » Donc, M. Franc Comtois est des nôtres, son nom le prouve aussi clairement que le plus authentique des parchemins. Nous le revendiquons. Non que le portrait qu'il a exposé soit un chef-d'œuvre, mais ce tableau a de grandes qualités de couleur, de vérité et d'harmonie. Le dessin des mains man-

que un peu de finesse. Une bonne grand' mère est assise
dans un fauteuil de velours vert fané — un de ces fauteuils
de famille, comme celui que salue Faust dans la chambre
de Marguerite, où bien des générations ont reposé leurs
joies et leurs douleurs. — Le costume a la simplicité d'autrefois. Il est tel que le portent encore, même dans une
situation aisée, de vieilles villageoises rebelles aux innova-
tions, et qui résistent, *pro parte muliebri*, à l'invasion des
crinolines et des chapeaux. Une casaque bordée de fourrures en poils de renard et une coiffe à fond carré, nouée
par derrière, dont le vaste nimbe plissé à tuyaux ombrage
ce front vénérable, composent le meilleur de sa toilette.
Dans ses yeux abattus, dans sa figure labourée de rides,
on sent la lassitude d'une longue vie à laquelle n'ont été
épargnées ni les fatigues ni les déceptions.

M. Chartran (Théobald, de Besançon) a un portrait et
une grande composition. *Portrait de M. de R..., président
à la Cour de cassation*. Ce magistrat est assis dans une
chaise dorée et représenté en costume, avec sa croix d'offi-
cier de la Légion d'honneur et son hermine. Peu avenante,
sa physionomie semble être celle d'un terrible juge d'ins-
truction. Mais il ne faut pas juger la lame d'après le four-
reau, ni les sentiments de M. de R... par l'expression qu'il
a plu à M. Chartran de lui donner. C'est peut-être le plus
affable et le meilleur des hommes. La tête est un peu in-
colore et un peu sèche, mais l'ensemble est d'une bonne
tonalité. Bon portrait : très-vivant, très-vrai. Les blanches
fourrures pointillées de noir, les bandes rouges de la robe
sont solidement peintes. M. Chartran a le sens de la couleur.

Son autre tableau, *Roger et Angélique*, quoique théâtral
et poncif, ne manque ni de hardiesse ni de talent. Roger
emporte à travers les airs, sur son cheval ailé, Angélique,
légèrement posée sur la croupe du monstre. Bien planté
sur sa monture, d'un bras il enlace la vierge affolée, et de

l'autre il brandit son glaive. Le cheval, lancé à toute vitesse à travers la nue, est d'un très-beau mouvement, et n'a qu'un défaut, celui de rappeler avec trop d'exactitude le *Persée* de Blanc, que nous avons tous vu au Musée du Luxembourg. Pour dissimuler cet emprunt, il ne suffisait pas de substituer aux noms mythologiques des noms de l'Arioste, il aurait fallu soigner davantage les autres parties, donner plus de beauté à la physionomie du guerrier, et à celle de la jeune fille plus de distinction.

Arrêtons-nous devant les panneaux décoratifs de Mme Éléonore Escallier (de Poligny), qui sont destinés au Palais de la Légion-d'Honneur : ceux-là ont de la délicatesse et de la fraîcheur. Quelle clarté de tons dans ces pivoines et ces chèvrefeuilles qui se mêlent à des cuirasses et à des épées ! Sur l'autre panneau, un panier de roses est suspendu sur des nuages : deux colombes voltigent auprès, dans une atmosphère transparente. Le ciel est profond et bleu. Lâchez un essaim d'amours parmi ces fleurs, et vous aurez un tableau de Boucher.

Dans une gamme de tons moins clairs, les *Muguets et Myosotis* forment un bouquet plein de naturel et de charme. On sait que les fleurs sont la spécialité de Mme Escallier et qu'elle excelle à en rendre le velouté et l'éclat. Actuellement, elle est attachée, comme peintre, à la Manufacture nationale de Sèvres, où son talent l'a fait appeler. Parmi la légion de femmes qui manient le pinceau ou le ciseau, elle a sa place, je crois, avec Mlle Jacquemart, la célèbre portraitiste, au premier rang : et ce n'est pas un mince honneur, tant sont nombreuses aujourd'hui les femmes qui se tournent vers les arts et se distinguent. Puisque les hommes ont tout accaparé, grades, décorations, fonctions publiques, l'art demeure pour les privilégiées d'entre elles le seul refuge, l'unique moyen de vivre une vie moins monotone que le reste de leurs semblables, et qui soit moins sacrifiée et plus glorieusement remplie.

MM. TONY FAIVRE, DENIS, PÉTUA, CHAPUIS ET GIACOMOTTI.

De Mme Escallier à M. Tony Faivre (de Besançon), la transition n'est pas brusque. M. Tony Faivre a un talent tout féminin, par la grâce et le fini de ses ouvrages. Nous n'avons pas en France, à l'heure qu'il est, de décorateur plus habile. Quel délicieux tableau que celui qu'il intitule : *Dans une serre.* Deux jeunes femmes se prélassent dans une serre, dont on aperçoit le toit quadrillé. Autour d'elles des plantes exotiques, des palmiers qui balancent sur leurs fronts de verdoyants éventails. Vous connaissez sans doute, si vous êtes venu à Paris, la serre du Jardin d'acclimatation, où l'on ne sent que des parfums qu'on n'a jamais respirés, où l'œil est ébloui par des nuances qu'il n'a jamais contemplées. Imaginez dans les voluptueuses langueurs de cette atmosphère deux femmes qui causent, ou plutôt qui ne laissent échapper qu'un mot par ci, par là, une exclamation, un petit cri. Pourquoi feraient-elles de l'éloquence ? Le babil et les cancans n'ajouteraient rien à leur sérénité, à leur amitié tranquille, le moindre effort troublerait leur indolence. Il est si doux d'être bercé par un air tiède et embaumé et d'en jouir ! Entre elles, une table couverte d'une natte. Sur cette table, une perruche dans une belle et fine cage. L'une de ces femmes a la chevelure brune. Vêtue d'une robe de satin rose avec bordure de dentelle, assise sur un banc coquet, elle donne des friandises à la perruche par la grille. Sa blonde compagne est habillée de velours noir. Renversée nonchalamment sur un *rocking-chair,* ayant sous elle le châle qui couvrira ses épaules quand viendra la fraîcheur, elle regarde à terre sa petite fille occupée à caresser un épagneul, lequel, content et souriant de sentir une petite main enfantine sur son cou, fait semblant de dormir. Carnations roses, étoffes brillantes, dessin très-pur. Cela est soigné, fondu, moelleux, fini, parachevé et d'un aspect suave.

En allant de M. Tony Faivre à M. Eugène Denis (de Gray), nous tombons d'un lieu artificiel et poétique en pleine réalité : des choux, des oignons, des raves, une casserole de cuivre et un poulet plumé. « Ce ne sont que des oignons, disait un personnage de comédie, cependant cela vous tire les larmes des yeux ! » Ici, toutefois, l'ironie n'est pas de mise, et ces oignons dorés, ce chou dentelé et recroquevillé, ces grosses raves blanches chaperonnées de violet, sont consciencieusement et fidèlement rendus. Un rayon de soleil qui tombe sur ces joyeux préparatifs leur donne un air de fête. Jusque dans ces minces sujets, l'art de composer, de dégrader la lumière trouve à s'exercer. Peut-être faut-il plus de talent pour exécuter une belle nature-morte que pour traiter avec banalité, dans la méthode académique, de grandes scènes tirées de l'histoire ou des poètes. Plusieurs artistes se sont illustrés dans ce genre, et Zorg et Kalf, pour n'avoir fait que des cuisines, sont loin d'être placés au dernier rang parmi les peintres hollandais. Comme ces sujets n'ont rien d'intéressant en eux-mêmes, ils exigent non-seulement beaucoup de vérité, mais une souplesse de coloris et une aisance spirituelle d'exécution que je regrette de ne point trouver dans la nature-morte de M. Denis. Elle justifie trop son nom.

Félicitons, en passant, M. Honoré Chapuis (d'Arlay), professeur de dessin à l'Ecole municipale de Besançon, pour son portrait de jeune fille, qui est une des meilleures œuvres qu'il ait produites. Bon dessin, bonne couleur. Le visage est peint dans des tons assez transparents, les yeux ont de la vie, l'expression générale est calme et aurait pu être interprétée avec plus de grâce encore et d'esprit.

M. Pétua (de Besançon) a un portrait de jeune homme dont le dessin est ferme et qui ne manque pas de relief. Ses yeux ne semblent pas regarder dans la même direction. Cet élève de l'Ecole des Beaux-Arts a cependant obtenu de nombreuses médailles de perspective. Il est vrai qu'une simple tête ne lui offrait pas l'occasion de déployer tous ses talents. Nous attendons de lui, l'an prochain, une œuvre plus importante, qui nous permette de le juger.

Sur une petite toile qui n'a guère que trente centimètres de haut, M. Giacomotti (de Quingey), ancien prix de Rome, a trouvé moyen de retracer une scène dramatique, en évoquant l'image du Calvaire, à l'heure de la nuit. Christ est en croix. L'artiste ne s'est pas mis en frais d'originalité ; il a gardé la figure traditionnelle qu'on voit encore au portail des vieilles églises. Des nuages assombrissent l'air autour de la grande victime ; à l'horizon, des lueurs de sang et quelques collines éclairées d'un vague rayon de lune. Au pied de la croix, dans la pénombre, une femme, la mère du crucifié, s'évanouit entre les bras de Jean, le bien-aimé disciple. Ce n'est là qu'une petite académie adroitement faite, et qui est loin de montrer tout le talent, connu et aimé, de M. Giacomotti.

Si Courbet voyait ce Christ, il dirait à M. Giacomotti, avec son fort accent franc-comtois : « Est-ce que vous l'avez connu, vous? Non, eh bien alors, pourquoi faites-vous son portrait? Raphaël a peint des *onges*, Courbet, lui, il peint des *hômes*. » C'est François Coppée, je crois, qui rapportait dernièrement ce mot de Courbet, adressé à je ne sais plus quel peintre de sujets religieux.

Dans le *Calvaire* les ombres noires, pour lesquelles M. Giacomotti a une prédilection exagérée, concouraient à l'effet lugubre de la scène. Elles donnent à ses portraits quelque chose de dur. L'un d'eux porte la date de 1869! Après tout, en six ans, a-t-on le temps de changer! Mme G. Z. est donc aussi ressemblante qu'elle l'était alors, elle aura usé de la douce Revalescière, ou trouvé l'heureux secret de ne point vieillir. C'est une femme brune, en robe de velours aux manches bouffantes, avec des yeux noirs tout chargés de langueur. Trop noire, la main est en même temps insuffisante comme anatomie. De cette accumulation de tons sombres, résulte une harmonie étrange. Assurément ce portrait n'a rien de vulgaire et la facture en est merveilleusement habile.

L'autre portrait de femme est encadré dans un médaillon.

Dans celui-ci la figure et les mains sont mieux modelées. Les blondes nattes de la chevelure ont de beaux reflets, et le corsage est admirablement satiné. Cette peinture franche, vive dénote beaucoup de science. Elle nous rappelle cette manière simple et puissante d'autrefois, dont M. Giacomotti nous avait un peu déshabitués. Des trois œuvres qu'il a exposées, c'est la seule qui puisse donner la mesure de son talent.

MM. LANÇON, GIGOUX, DONZEL, POINTELIN ET ROBINET.

Après avoir conquis sa réputation dans les journaux illustrés, M. Auguste Lançon (de St-Claude) a essayé du pinceau, et il le manie non sans succès. Nous avons en lui un peintre de soldats. Non qu'il fasse de la grande peinture militaire, à la manière de Gros ou d'Horace Vernet. Celle-là est morte. On se borne aujourd'hui à de simples épisodes, qui puissent tenir dans un cadre très-restreint. La dernière guerre n'est pas faite pour inspirer nos artistes. Cependant comme il y a eu de beaux faits d'armes, et que la mort y a été gaillardement affrontée pas mal de fois, ils peuvent encore y glaner d'honorables sujets d'étude. La foule ne se lasse guère de regarder ces tableaux qui lui rappellent de si poignants souvenirs. Elle s'arrête longtemps devant les toiles de Neuville, l'auteur des *Dernières cartouches*, qui peint les combats avec tant de vérité et d'élan, devant celles de Protais, qui nous a déjà offert tant de figures martiales et émues, devant celles de Detaille, qui nous montre cette fois un régiment défilant dans une rue de Paris, par une averse, musique en tête : gamins, ouvriers, bourgeois, se détournant de leur besogne ou de leur flânerie, rhythment leur pas sur celui de la troupe, et l'accompagnent gaîment, attestant que le vers de Victor Hugo est toujours vrai :

> .... et quand le clairon passe,
> La France chante et bat des mains !

M. Lançon marche sur les traces de ces trois peintres célèbres : ou plutôt il s'écarte d'eux par une manière plus réaliste. Le jury lui a même refusé un tableau, qui représentait crûment un enterrement sur le champ de bataille — non que le talent manquât, loin de là — mais la mise à la fosse commune de nos braves a paru horriblement réelle et effrayante. Un de ses tableaux acceptés est intitulé : *Les échappés de Sedan ; — route de Mouzon, le 1er septembre 1870, le soir*. Route plantée d'arbres au noir feuillage, vaste campagne, ciel lugubre. Sur le bord de la route, des chariots brisés, des soldats couchés sur le dos, des chevaux éventrés. Ceux qui ont eu l'héroïsme de faire la trouée, soldats de toutes armes, sont là, sans ordre, hagards, entourés de périls. Un cuirassier à cheval, sans casque, le pistolet au poing, tête inclinée, l'œil aux aguets, attend. Devant lui, un dragon démonté, qui tient un revolver, un fantassin en képi, en pantalon rouge et en blouse blanche qui a dans la main un chassepot, tout prêt à l'épauler si des casques à pointe paraissent. Près de lui, un autre fantassin, le seul qui soit équipé à peu près au complet. Ce groupe de quatre vaillants, à figures vulgaires, mais que le courage rend intéressantes, occupe le milieu du tableau. A droite de la route, près d'une file de chariots, se trouvent d'autres soldats, qui n'attendent qu'un signe pour se précipiter. Le désordre qui suit une défaite est bien marqué par le délabrement des uniformes, la scène est très-dramatique, mais on voudrait plus de finesse et de clarté dans la couleur qui est noire et d'un effet dur, et plus de souplesse dans le dessin. Et puis ces chevaux dont le ventre est saignant, ces morts à la figure noire ont quelque chose qui répugne. Joseph Parrocel disait de Van der Meulen : *il ne sait pas tuer son homme.* Ce n'est pas à M. Lançon qu'on adressera le reproche, il pèche plutôt par excès contraire. Allez à l'amphithéâtre, mais que ce soit pour étudier l'anatomie. Si vous voulez nous peindre des cadavres, qu'ils nous causent une autre impression que feraient ceux de la Morgue. George Becker, un des jeunes qui ont exposé cette année au Salon, dans un grand tableau, hardi et original, nous met sous les yeux Respha, femme de Saül, défendant avec un bâton contre les oiseaux de proie ses sept enfants crucifiés. Ils sont là tous les sept, morts, attachés au gibet, parallèlement. Un air de beauté rayonne encore sur leurs visages livides, et l'œil les contemple avec une admirative pitié. Qu'est-ce que l'art, sinon une harmonie? Or les exagérations, commes celle qu'on trouve dans le tableau de M. Lançon, sont des discordances.

Transportée dans un autre sujet, cette violence de tons produit un effet meilleur. Elle m'a moins choqué dans l'autre tableau de M. Lançon : *lionne terrassant un nègre.* Le nègre est sur le dos, roulant ses yeux, montrant ses dents et hurlant de douleur. Son fusil, dont le chien fume encore, repose dans sa main gauche, arme désormais inutile. Elle a bondi, la lionne furieuse, les pattes de derrière sont encore en l'air. Mais déjà ses griffes pénètrent dans les chairs du malheureux, sa mâchoire va déchirer le ventre et fouiller les entrailles. Couleur chocolat partout. Ainsi forcé, le drame tourne au trivial et risque de ne plus émouvoir. Cependant la lionne est puissamment modelée. Cette composition porte la trace d'un talent, qui pour avoir trop de fougue, n'en a pas moins une réelle vigueur.

Voici encore du réalisme, mais si franc, si gai ! C'est le portrait du « père Lecour » par Jean Gigoux (de Besançon). Pour se faire « pourtraicturer », ce brave vigneron n'a point endossé l'habit de drap des grands jours. Foin du costume de cérémonie ! N'est-on pas plus à l'aise dans un large pantalon de toile bleue, et dans une veste de la même étoffe, surtout lorsque elle est proprement rapiécée ? Le père Lecour est un vieillard chauve, encore vert, qui à l'occasion, malgré son air soucieux, doit avoir le mot comique, un *type* enfin. Est-il en train de monter du bois, comme sembleraient le faire croire des buches qui se trouvent à gauche du tableau, contre un mur ensoleillé et vêtu de lierre ? ou bien se repose-t-il dans sa maisonnette au milieu des vignes ? Ce qu'il y a de clair, c'est qu'il se rafraîchit. Placé devant une grossière table en bois, il a en main un verre de vin rouge. Devant lui, un bout de fromage dans du papier, du pain et une bouteille ; de l'eau ? — Nenni. A voir sa face rubiconde, on devine de reste qu'il professe un souverain mépris pour cette boisson, et il pourrait chanter un hymne à son nez, comme Olivier Basselin :

> Gros nez, qui te regarde à travers un grand verre,
> Te trouve encore plus beau,
> Tu ne ressembles point au nez d'un pauvre hère
> Qui ne boit que de l'eau.

Sous la table a roulé son chapeau, un feutre dont l'assouplissement ne laisse plus rien à désirer, et qui a dû être noir (simple conjecture) du temps qu'il était neuf. Juste d'effet, ce portrait est peint avec franchise et dans une belle couleur lumineuse. M. Gigoux a été chef d'école à Besançon. Le musée du Luxembourg possède un de ses tableaux. Pourquoi s'en va-t-il choisir des physionomies impossibles comme celle du père Lecour ? En vérité, ce n'est pas impunément que la Franche-Comté est la patrie de Courbet, de Proudhon, de Max Buchon. Au fond de beaucoup de nos artistes je retrouve un peu de leur humeur indépendante et joviale, et comme une pointe de goguenarderie.

Maintenant nous arrivons aux paysages. De tous les genres, celui-là étant le plus sincère est aussi celui qui nous fournira le plus d'œuvres remarquables.

Etang de la Croizille par Charles Donzel (de Besançon). Trois îlots, qui sont en même temps trois bouquets d'arbres. L'eau de l'étang passe entre eux et les reflète. A distance, les reflets paraissent justes, le feuillage a de l'agrément. Ce paysage lisse serait d'une belle couleur, si les ombres n'étaient si noires. Je lui reprocherai aussi de manquer de simplicité et d'ampleur.

M. Auguste Pointelin (d'Arbois) a peint: *le bief d'Arèze.* Sous un bosquet sombre, austère, coule le ruisseau qui fera tourner le moulin. Ce site est d'un bel effet et d'une belle couleur: seulement cet effet et cette couleur sont obtenus par un procédé, et le procédé exclut la naïveté et la justesse. Quand par malheur l'artiste s'abandonne à une manière, se livre à une formule, on n'a plus guère de progrès à attendre de lui: il perfectionnera son procédé, tout en s'éloignant de plus en plus de la nature, c'est ce qui arrive à M. Pointelin. Minutieusement découpé, son feuillage a de la sécheresse. Plus de mystère, le jour ne pénètre pas dans ses taillis ni sur ses gazons.

Le ravin d'Amélie à Vitznau (près Lucerne) par Paul Robinet (de Magny-Vernois). Entre deux rochers moussus, et d'où s'élancent des troncs plus ou moins entr'ouverts, une crevasse, à travers laquelle on aperçoit le lac de Lucerne, où glisse une barque, et dans le lointain des montagnes bleues qui se dessinent sous un ciel parsemé de nuages. Quelle verdure tendre et printanière dans le feuillage! Comme tout cet horizon est inondé de lumière! Renoncules, fleurs à clochettes, fougère, tout est vu à la loupe et méticuleusement rendu. Les cailloux sont comptés et polis avec amour, toutes les feuilles sont faites les unes

après les autres, il y a chez ce Meissonier du paysage une
telle étude microscopique du moindre détail, que tant de
patience ferait sourire, si elle n'était jointe à tant de talent.
On a la sensation d'un paysage harmonieux et clair, où
rien n'est vague ni flottant, plus propre à réjouir le regard qu'à provoquer le rêve.

La mer à Menton présente les mêmes qualités de perspective et de lumière, et les mêmes défauts, ici plus choquants.
Car si la passion du détail n'est pas trop nuisible dans les
premiers plans, elle devient tout-à-fait insupportable dans
les marines, qui doivent rendre avant tout une impression.
A gauche, une vaste plaine verte et houleuse, dont l'écume
ressemble trop à une houppe ou à de la mousseline. A
droite, une barque tirée à terre et un rocher sur lequel se
tiennent trois marins, en costume pittoresque, dont l'un signale l'approche d'un bateau. Sur le prolongement de ce roc, la
silhouette de la ville, et plus loin, des montagnes. A force
d'être soignés et léchés, les rochers perdent de leur aspé-
rité et de leur naturel, ils sont en carton. Il y a dans cette
manière de jeter et d'éclairer un immense horizon, une ha-
bileté consommée, et que le jury du Salon de 1869 a ré-
compensée, en décernant à M. Paul Robinet une médaille.

MM. ORDINAIRE, JAPY, ISENBART ET RAPIN.

« Le grand paysagiste, écrit Diderot dans ses *Pensées dé-
tachées*, a son enthousiasme particulier; c'est une espèce
d'horreur sacrée. Ses antres sont ténébreux et profonds,
ses rochers escarpés menacent le ciel; les torrents en des-
cendent avec fracas, ils rompent au loin le silence auguste
de ses forêts. L'homme passe à travers de la demeure des dé-
mons et des dieux. C'est là que l'amant a détourné sa bien-
aimée, c'est là que son soupir n'est entendu que d'elle. C'est
là que le philosophe, assis ou marchant à pas lents, s'en-

fonce en lui-même. Si j'arrête mon regard sur cette mysté-
rieuse imitation de la nature, je frissonne. »

Peu de pays sont aussi capables d'inspirer cette horreur
sacrée, que le nôtre. La Franche-Comté est le vestibule de
la Suisse, et l'on trouve chez elle tout ce que les étrangers
vont admirer par routine chez nos braves voisins, les sites
pittoresques, les sombres ravins, les cascades. Mais les Suis-
ses ont des institutions libres, qui se projettent en quelque
sorte sur leurs montagnes et qui leur donnent un mysté-
rieux attrait. L'ombre de Guillaume Tell erre dans les bois
et sur la cime des rochers, et en les habitant, les métamorphose aux yeux du voyageur. Hors cette différence,
les deux contrées ont des beautés analogues.

Connaissez-vous notre sombre et majestueuse forêt de
Joux, et ses clairières étrangement parsemées de soleil?
De hauts épicéas s'élèvent droit vers le ciel, les écureuils
sautent de branche en branche, l'air est imprégné des suaves
senteurs de la résine. Sans parler des oiseaux qui volètent
à terre, des chevreuils qui passent, des bruissements infi-
nis qui s'élèvent de cette immense cité d'arbres, le feuillage affiné des sapins austères verse d'en haut la paix et le
recueillement. Quand la rosée monte en vapeur matinale,
ou vers midi, quand l'ombre et la lumière s'entrelacent
sur le sol, ou le soir, quand les lueurs du soleil couchant
embrasent la ramure, que d'effets divers et saisissants!
Et les grottes de Baume, où la Seille prend sa source? Ce
cirque de rochers perpendiculaires, dont la paroi est forée
d'une caverne qui vomit l'eau à plein torrent, après les
jours de pluie, n'est-il pas fait pour fixer l'attention du paysagiste? En été, une échelle jetée sur un gouffre, vous con-
duira dans cette grotte. Vous entrez, vous vous enfoncez
jusqu'à deux cents mètres, parmi de bizarres et gigantesques
stalactites qui pendent, attachées à la voûte comme les lus-
tres d'une chapelle, et tout au fond, sous vos yeux jaillit
une source d'écume, commencement d'un lac qui se perd

on ne sait où. Il y a deux ans, je m'y rencontrais avec quatre religieux. Ceux-ci entonnèrent d'une voix vibrante un *Laudate Dominum omnes gentes*, et l'hymne chrétienne fit retentir ces voussures humides qui jadis entendaient les glapissements et les cris d'effroi de l'homme de l'âge de pierre. N'était-ce pas un tableau? A chaque instant, s'offre chez nous ce site qu'enfants nous appelions « la fin du monde» *ultima Thule*, c'est-à-dire un demi cercle de nos montagnes qui paraît infranchissable, et d'où les ruisseaux tombent limpides, pour circuler sous la viorne et les lianes entremêlées. Que dire des bords de la Loue, dont s'inspirait Courbet, des grottes du Lizon, si sauvagement accidentées, et de tant d'autres lieux propices au peintre et qui font que nos paysagistes franc-comtois occupent un rang exceptionnel parmi les paysagistes de notre temps? Tel est l'attrait qu'exercent ces fantasques combinaisons de la nature, qu'on vient de partout pour les copier. Les peintres, en quête de singularités, en font leur régal. Pour ne pas sortir du Salon de cette année, Cornu (Jean-Jean) de la Côte-d'Or, a exposé *les bords du Lizon, à Nans sous Sainte-Anne (Doubs)*.

Français, du département des Vosges, un des peintres célèbres d'à-présent, a deux paysages, et tous deux empruntés à notre pays : *le ravin du Puits-Noir (Franche-Comté)*, effet de soir; — *et le ruisseau du Puits-Noir*, le matin.

M. Marcel Ordinaire (de Maizières, Doubs) a traité le même sujet, *le Ravin du Puits-Noir*, et à mon sens, supérieurement. Outre la beauté du site, il y a la manière dont l'artiste la sent et l'interprète. Or M. Français, avec son exécution serrée et microscopique, et son amour du soleil, a fait un paysage trop lumineux et trop gai. M. Ordinaire, qui procède de Courbet, a mieux rendu que lui l'expression sauvage et satanique de ce ravin. Une roche noire et droite surplombe une flaque d'eau, dont on ne devine pas le fond. De chaque côté du ruisseau, de vieux frênes noueux et tordus, émergeant du roc, s'y reflètent. Leur feuillage forme berceau. Quelques rayons traversent les rameaux enlacés, et jettent des lueurs sur la mousse des pierres, sur l'eau tremblotante et les larges feuilles de nénuphar qui nagent à la surface. Ciel moutonneux; au fond du tableau, quelques peupliers qui nous avertissent que là-bas la terre redevient harmonieuse et souriante. M. Ordinaire a l'entente de la perspective, sa facture est large, et les objets qu'il peint, se détachent avec netteté.

Sous les saules à Maizières : autre tableau du même artiste, aussi sincère et d'une aussi belle couleur. A droite, des arbres fièrement élancés, à gauche un fourré, que traverse difficilement le soleil pour éclairer un ruisseau serpentant parmi d'énormes cailloux. Dans le milieu, frottis vaporeux qui rappellent la poésie des paysages de Corot, l'illustre paysagiste que la France vient de perdre. Tout au fond, à travers les déchiquetures du feuillage, le ciel azuré montre ses mille yeux. Bon paysage, mais qui a trop de ressemblance avec celui de Rapin, et moins d'originalité que le précédent.

Pour ce genre de peinture, il ne faut pas s'en tenir à la théorie de Diderot que j'énonçais plus haut, et qui repose moins sur une vue complète des choses que sur le souvenir exclusif des paysages de Claude Lorrain et du Poussin, qui à la vérité, recherchaient les sites *à effet*, et y mêlaient volontiers des débris de colonne ou d'élégants morceaux d'architecture. C'est de l'Italie, de Rome, qu'ils s'inspiraient plutôt que de la France, et de ses tranquilles et riants coteaux. Pourvu que l'artiste comprenne « le langage des choses muettes », le moindre coin de prairie lui suffira pour faire un tableau plein de charme. Il n'est pas que les grands accidents de la nature pour nous toucher, et si la mer, les grandes ruines, les ravins, les spectacles grandioses étonnent l'imagination, l'aspect d'une rustique cabane ou d'une clairière a bien sa douceur. Pour l'artiste, le tout est de sentir et d'éveiller dans les âmes des autres des sentiments analogues à ceux qu'il éprouve.

M. Louis Japy (de Berne, Doubs) élève de Français, médaillé en 1870, obéit à ce courant d'inspirations paisibles. Ses trois tableaux respirent un grand calme.

Fin de mai : au milieu, une rivière sinueuse, peu profonde, d'où émergent des iris ; à gauche, sur le bord, une touffe d'arbres, et près de là un jeune gars qui retire de l'eau son filet. De l'autre côté de la rivière, vue de dos, une bergère ramène ses moutons à la ferme, dont le toit fume. Le filet n'empêche pas le jeune homme de songer à la fillette, qui s'éloigne, et qui sait? peut-être à de prochaines noces. Les pommiers, les abricotiers, les pêchers, poudrés

Pour le printemps, ainsi qu'un marquis pour le bal

commencent à se dépouiller de leurs fleurs, et à en couvrir le sol, qui est jonché, comme la rue d'une petite ville, **un** jour de fête-Dieu. Au fond, des collines bleues. Des flocons blancs se promènent dans le ciel, et l'air y vibre. Il faut louer aussi la belle ordonnance de ce vaste paysage.

Du même : *avant l'orage.* Atmosphère assombrie. Le ciel est triste comme un enfant qui va pleurer. Une procession de bœufs passe le ruisseau. En avant, une gardeuse de vaches, qui rentre au village avec ses bêtes. Derrière la file de bœufs, un jeune garçon à cheval, et un homme à pied aiguillonnent le troupeau : celui-ci a l'air d'être docile, parce qu'il sent que les nuages s'amoncellent et qu'il fera meilleur tout à l'heure dans la douce chaleur de l'étable qu'en plein vent. Tout marche, tout se dépêche pour n'être point surpris par la tempête. Ce paysage est vrai d'impression, la peinture est solide, quoique un peu sombre.

Je ne dirai rien du *Vallon de Nantuis,* où se rencontrent

de grandes qualités, sinon qu'il n'a pas l'unité et la simplicité des deux œuvres précédentes.

Remarquez ceci, à l'honneur de nos paysagistes, c'est
qu'ils ne font pas du paysage d'imitation. Hors de l'atelier,
dans les champs, voilà où ils s'installent avec leurs pliants
et leurs chevalets. Ils vont trouver la nature chez elle, et
leur interprétation est originale. Les tableaux de M. Robinet, si transparents, si étudiés de détail, ne ressemblent
point à ceux de M. Ordinaire, ni ceux de M. Ordinaire à
ceux de M. Japy qui se plaît aux grands horizons, ni ceux
de M. Japy à ceux de M. Isenbart. Ce dernier (élève de Fa-
nart) a un goût particulier pour les effets de lumière.

Un de ses tableaux nous montre un *Intérieur de forêt* :
sur une éminence, des pins et des bouleaux s'élèvent droits
et parallèles. Ce bouquet d'arbres est ruisselant de soleil,
sur l'écorce des arbres il y a de la rouille, et le jaune sombre
devient le ton dominant de cette composition. Comme le
chasseur qui grimpe sur ce talus doit avoir chaud ! Trop
de détails : ils absorbent tout, ils se nuisent les uns aux autres, et détruisent toute harmonie.

Les qualités de M. Isenbard se retrouvent dans ses deux
autres toiles, à un degré bien supérieur. Le *Val noir à Consolation* n'a de noir que le nom, car il reçoit des douches
de lumière qui l'illuminent. A gauche, une roche grise mi-
née en dessous par le temps, et formant excavation, se reflète dans une eau dormante et profonde. Près de là, un
torrent qui roule son écume à travers des rocs moussus.
A droite et dans le fond, des taillis. Bonne peinture, fraîche, et d'un effet très juste.

Celui des trois tableaux de M. Isenbart que je préfère et
qui est vraiment remarquable, représente la *Terrasse du
couvent de Consolation*. Sur une terrasse, des chênes sécu-
laires, aux mille racines courant sur le sol. Ces arbres véné-
rables répandent leur ombre paisible sur des solitaires que
la vie a fatigués ou meurtris. De là, l'œil doit plonger au

loin, les couvents étant presque toujours cachés dans des sites admirablement pittoresques, qui reposent l'âme et la prédisposent à la prière, et sur des hauteurs, pour que les religieux se sentent plus près de Dieu. Il est midi : l'ombre de la terrasse est découpée par morceaux. A gauche, le coin d'un couvent aux murs gris ; une grossière porte à plein cintre est entr'ouverte. Un trappiste vient d'en sortir et croise sur le dos ses mains, qui tiennent un bréviaire. Au deuxième plan, on voit marcher ensemble deux religieux dont l'un a les doigts fourrés dans ses manches, l'autre fait la lecture ou commente ce qu'il lit. A l'écart, sur le mur de la terrasse, un autre moine est assis, enfoncé dans ses méditations. Toutes ces figures sont bien distribuées : le tableau a du caractère. Comme ces plaques de soleil sont vivement peintes ! comme tout cela est juste d'effet et de couleur, et franc d'exécution !

Encore un paysagiste, mais un des meilleurs parmi les excellents : M. Alexandre Rapin (de Noroy-le-Bourg), élève de Gérôme et Français. Le jury vient de lui décerner une médaille pour son tableau : *la Rosée*. Une clairière dans une futaie, au matin. Le sol est richement tapissé de feuilles, de plantes, et d'épines qui n'arrêtent point une pauvre femme, en train de cueillir de l'herbe. Derrière elle, sa petite fille, avec le panier. De larges feuilles, qui pourraient servir de parasol, sont couvertes de lueurs blanchâtres. On se sent pénétré par l'humidité de la rosée et par la fraîcheur matinale. Selon la perspective, le feuillage de ces grands arbres qui laissent deviner derrière eux une épaisse forêt, tantôt est nettement accusé, tantôt a des contours vaporeux. A travers les branches, on aperçoit quelques nuages transfigurés par le soleil levant, et dont la présence se traduit par de discrètes teintes jaunes, d'un effet original. Ce paysage est superbe d'exécution, et profondément senti.

Ruisseau sous bois. Sur la mousse et les cailloux roule,

de cascade en cascade, un ruisseau. — Sur ses bords un cerf et une biche, qui s'abreuvent. Par en haut, une énorme voûte de verdure qui arrête le soleil et entretient la fraîcheur de l'eau. Dans le lointain, quelques nuages dorés pressentis plutôt qu'aperçus, et annoncés par des reflets jaunes dans la ramure. Toutes ces teintes blanches, vert tendre, vert sombre, vaporeuses ou jaunissantes s'harmonisent de la façon la plus poétique.

Tout en nous associant de cœur, comme on voit, aux encouragements accordés par le jury à notre compatriote, nous ne pouvons nous empêcher d'exprimer un regret. Depuis quelques années, M. Rapin avait attiré sur lui l'attention par des études claires, fraîches, limpides où perçait une maladresse charmante d'exécution : telles quelles, ces qualités lui constituaient une personnalité. Cette fois, les toiles de M. Rapin incontestablement plus, habiles, plus *faites*, en revanche n'ont plus la même limpidité, ni la même saveur originale.

Mon verre n'est pas grand, mais je bois dans mon verre,

a dit Alfred de Musset. Celui de M. Rapin est assez grand pour qu'il s'en contente. Pourquoi imiterait-il le voisin, lorsqu'il est si riche de son fonds ? Il serait donc à souhaiter qu'il revint à ses impressions premières, rien n'étant plus glorieux pour un artiste que d'avoir une manière à soi, une facture propre et qui le distingue.

MM. BILLOT, COURTOIS, BAVOUX ET GRENIER.

Paulo minora canamus.

Je ne sais pourquoi on exile les dessins, pastels et gravures dans les couloirs, où la lumière leur arrive comme elle peut : il en est cependant de si jolis ! Ils sont là en pénitence, pendant que leurs frères privilégiés, les tableaux, s'étalent effrontément dans les plus belles salles, et se chauffent aux plus doux rayons du soleil.

Parmi les meilleurs dessins qui soient au salon, mentionnons ceux de M. Achille Billot (de Sellières), l'éminent professeur de dessin du Lycée de Lons-le-Saunier. L'un de ses crayons représente mademoiselle J. R... une petite fille sérieuse et mélancolique, qui a sa croix sur la gorge et ses cheveux épars sur le dos. Dessin fin, souple, et d'un effet charmant.

L'autre est le portrait de *la petite Chilotte* qui, la tête renversée sur un coussin, fait une risette au public. Dessin tout à fait remarquable, qui a les mêmes qualités que le précédent, avec un peu plus de finesse encore et de précision. Quand je vois ces dessins si délicats, si expressifs, d'un si beau sentiment, je les préfère cent fois à nombre de vulgaires portraits à l'huile reçus au salon et qui sont loin d'avoir autant de relief et de vie.

M. Gustave Courtois (de Vusey), élève de Gérôme et Jeanneney, a trois dessins : son portrait, dédié à sa mère, celui de sa mère, et celui de Lecomte du Nouy. Simples, justes et fermes, ces excellents dessins ont beaucoup de distinction. Leur auteur est un brillant élève de l'école des Beaux-Arts, et l'an prochain il exposera sans doute quelque toile remarquable. M. Courtois porte un nom qui oblige: c'est celui d'un célèbre peintre franc-comtois du XVIIme siècle, plein de feu, de vie et de mouvement.

Nous avons déjà parlé de M. Nestor Bavoux, et de ses beaux raisins, si habilement exécutés. Aussi nous bornerons-nous à signaler en passant son fusain : *le Moulin-du-Bas.* Bon dessin, mais un peu mou: la Franche-Comté est plus ferme et plus vigoureuse que cela!

Trois aquarelles, représentant des vues de Franche-Comté, sont exposées par M. Claude-Jules Grenier. Elles sont faites avec goût. Les sites sont pittoresques et recueillis. Un

vieux château penché sur une rivière ; deux barques près
du bord ; à gauche des roches et des collines. M. Grenier
est de Baume-les-Dames. Ce Baume est donc un nid d'artistes ? Car c'est aussi le pays de M. Edouard Grenier, ancien diplomate et poète distingué. Plusieurs fois déjà ce
poète a été couronné par l'Académie française, en atten-
dant qu'il y soit admis lui-même, pour en couronner d'autres à son tour. Tout récemment il a publié un poème élégant, spirituel, charmant, dans la manière de Byron ou de
Musset, avec la note filiale et patriotique en plus. Ce poème
a pour titre : *Marcel*. Il est composé de *septains*, rhythme
nouveau et très-heureux, dont M. Grenier est l'inventeur.
Sa strophe comprend sept vers, dont les deux derniers sont
toujours masculins ; au lieu de tomber mollement, la
phrase poétique se relève à la fin, et ces deux coups de
marteau réveillent perpétuellement l'attention. Mon inten-
tion n'est pas de vous promener avec le héros du poème
dans les roches où il prélude à ses aventures par une
idylle, ni à Venise où il s'éprend d'une créature plus fière
et plus digne de son amour, ni en Pologne où, compagnon
de cette intrépide enfant, déguisée en homme, il combat
avec elle pour l'affranchissement d'un pays qui n'a cessé de
protester par sa vitalité et ses révoltes contre le mot que
les ennemis de la Pologne ont calomnieusement prêté à
Kosciusko. Mais qu'il me soit permis d'encadrer ici un des
paysages franc-comtois qui sont semés dans la première
partie du poème. Vous trouverez dans le livre mille autres
passages qui ont plus de saveur, et dans lesquels le poète
badine avec grâce ou exhale la passion en accents pressés
et brûlants. Je ne cueille celui-ci que pour vous donner un
commentaire des tableaux de nos artistes, et une idée du
rhythme découvert par notre compatriote, c'est le début du
livre IV.

Salut ! rochers à pic, montagnes, forêt sombre,
Immobiles témoins du globe aux premiers jours,
Vous qui voyez depuis des siècles, à votre ombre,
Serpenter la rivière aux nonchalants détours !
Salut ! champs labourés, prés verts, vignes sans nombre,
Où l'homme pour un jour mit sa tente et se plut ;
Vieux nid de souvenirs, pays natal, salut !

Sans doute sous le ciel plus d'une autre contrée
A des aspects plus beaux et des soleils plus doux ;
Par les héros, les dieux et l'art mieux consacrée,
Plus d'une fait baiser sa poussière à genoux.
Mais, ô vallon natal, pauvre place ignorée,
C'est bien toi qu'ici-bas l'on aime encor le mieux,
Berceau de nos enfants, tombe de nos aïeux !

Tout y parle du cœur la langue simple et vraie.
Un souvenir s'éveille au bord de tout sillon :
Le premier nid trouvé, c'est là dans cette haie ;
Ici, sur cette fleur on prit tel papillon ;
Là, de cette aubépine on a cueilli la baie ;
Plus loin, sous les noyers, c'est là, dans ce chemin,
Qu'on marchait avec *Elle* en lui donnant la main !

O jours heureux ! ô jours d'enfance ! ô fraîche aurore !
Où, dans la nouveauté de ses sens ingénus,
L'enfant croit qu'avec lui le monde vient d'éclore !
Ravissements naïfs, qu'êtes-vous devenus ?
Qui de nous ne voudrait vous savourer encore ?
Ah ! toute l'existence, en vain il s'en défend,
L'homme cherche à tâtons le bonheur de l'enfant.

MM. LANÇON, COINDRE, VERNIER ET MONNIER.

Dans la galerie des gravures, nous retrouvons M. Lançon, dont le talent nerveux, comme aquafortiste, est bien connu. Je remarque de lui une série d'eaux-fortes, sur la guerre 1870-1871, composées pour *la Troisième invasion* d'Eugène Véron. La gravure sert principalement à reproduire et à multiplier les chefs-d'œuvre. Ici, M. Lançon est à la fois graveur et compositeur, et mérite, à ce double ti- tre, tous nos éloges. Louons aussi ses admirables lionnes et ses tigres, qui décèlent une étude approfondie de l'a- nimal.

M. Coindre (Gaston-Jean), de Besançon, élève de M. Maire, expose *des vues de Franche-Comté*. Le trait est net, et les ombres accusées fortement.

Un Turc et un Hidalgo (d'après Merino) par Emile-Louis Vernier. J'ai déjà parlé de M. Vernier comme peintre de marines. Son talent, comme lithographe, est merveilleux. C'est lui qui a reproduit Courbet, Corot, Daubigny etc., ses belles reproductions l'ont placé depuis longtemps au premier rang parmi les lithographes.

Mentionnons en passant un projet d'architecte, une *étude de gare funéraire* de M. Jules-Eugène Monnier (de Lure). Il s'agit de la gare qui donnera sur le grand cimetière de Méry-sur-Oise. On y trouve la beauté qui convient à ce genre de monument, c'est-à-dire de la simplicité et du caractère, cette gare est en harmonie avec les mausolées qui l'entou- rent.

Maintenant notre tâche est finie. Elle a été longue, trop longue sans doute au gré du lecteur. Cependant la liste des œuvres que nous avions à parcourir, aurait pu être accrue encore de plusieurs noms. Pourquoi MM. Léon Erpikum, Henri Baron, Porteret, Ehnerich, de Villers, Regnault et Mlle Gabriel Niel, qui ont envoyé des œuvres l'an dernier, n'ont-ils rien exposé cette fois? Pourquoi ont-ils manqué à ce grand rendez-vous des artistes contemporains, et refusé leur note à ce concert? Combien d'autres, en Franche- Comté, qui s'occupent d'art sérieux et pourraient exposer, n'en font rien et ne s'en soucient guère ! Espérons que ceux-là secoueront l'an prochain leur nonchalance, et que les Franc-Comtois représentés au Salon, déjà si nombreux, le seront encore davantage.

Au moment de livrer à l'impression ces pages, où j'ai mis

autant de sincérité qu'il m'a été possible, je ne regrette aucun des éloges que j'ai donnés. Peut-être me reprocherais-je plutôt d'avoir manqué d'indulgence. Je supplie mes lecteurs de se rappeler qu'en fait d'art, il est aisé de critiquer et difficile de produire, et je leur demande en grâce, si j'ai été d'une sévérité excessive envers nos bons et braves artistes, si dignes d'affection et d'égard, d'oublier les critiques que je leur ai adressées, pour ne garder dans leur mémoire que le bien que j'en ai dit.

Victor WAILLE.